AF279265

Luismi

APULEYO EDICIONES   FOMENTO DE VALORES   CUENTOS ILUSTRADOS

Siempre en mí

APULEYO EDICIONES   FOMENTO DE VALORES   CUENTOS ILUSTRADOS

Siempre en mí cuando...
compartíamos aventuras a través de la lectura.

Siempre en mí cuando...
nos uníamos para salvar el mundo.

Siempre en mí cuando...
me enseñaste la belleza de la naturaleza.

Siempre en mí cuando...
nos dabas el trozo más grande.

Siempre en mí cuando...
nos ayudabas a reparar nuestros juguetes.

Siempre en mí cuando...
me llevabas a caballito.

Siempre en mí cuando...
construíamos castillos de arena en la playa.

**Siempre en mí cuando...
giraba y giraba en el tiovivo.**

Siempre en mí cuando...
me enseñaste la luna y las estrellas.

Siempre en mí cuando...

© Luis Miguel Ruiz Ortega (de la obra)
©Apuleyo Ediciones 2024 (de esta edición)
Primera edición en Apuleyo Ediciones: diciembre 2024
Diseño de cubierta: F.J.Garrido Barroso
Corrección: Aitor Andreu Guerrero
Maquetación: F.J.Garrido Barroso
Ilustraciones: Romina Camoranesi
Coordinación editorial: Isidoro Cidre González
info@apuleyoediciones.com
www.apuleyoediciones.com
ISBN: 978-84-1060-269-4
Depósito legal: H 275-2024

Hecho e impreso en España.

Siempre en mí

APULEYO EDICIONES   FOMENTO DE VALORES   CUENTOS ILUSTRADOS

Luismi

APULEYO EDICIONES   FOMENTO DE VALORES   CUENTOS ILUSTRADOS